2 3 4 5

6 7 8

9 10 11 12/13

14 15 16 17 18 19 20 21 22

23 24 25 26/27 28 29 30 31 32 33

34 35 36 37 38 39 40 41 42/43

44 45 46 47 48 49 50 51 52 53

54 55 56 57 58 59 60 61 62/63

Hallo! Ich bin Anoki.
Für jede Seite, die du fertig hast,
malst du eine Feder aus.

**Nomen (Substantive) erkennst du daran, dass sie einen Artikel (Begleiter) haben:**
**der Spaß, die Überraschung, das Geschenk**
**ein Baum, eine Idee, ein Geheimnis**

▶ Kreise alle Nomen (Substantive) ein und schreibe sie mit Artikel (Begleiter) auf.

*Denke daran, dass Nomen großgeschrieben werden.*

FREUDE ROT SINGEN WÜTEND GEBEN UNTER ÄRGER COMPUTER

FRÜHLING STARK TIGER GLÜCK STADT WERFEN WELT ABER

SPIELER FURCHT ALLE TRAURIG FERNSEHER STILLE OFT VIEL MUT

die Freude

▶ Kreise alle Nomen (Substantive) ein. Schreibe sie mit Artikel (Begleiter) auf.

Die lehrerin verteilt die aufgaben. Emre hat ein bisschen angst.

Zum glück muss er nur zu wenigen nomen artikel finden.

Da hat er noch schwierigkeiten.

Die fragen zum lesetext machen ihm spaß. Die geschichte hat er gestern gelesen.

Sein großer bruder hat ihm seine hilfe angeboten und mit ihm geübt.

Die anstrengung hat sich gelohnt. Emre hat eine gute note.

▶ Kreise alle Nomen (Substantive) ein.
Schreibe sie mit Artikel (Begleiter) auf.

Lisas vater hat bald geburtstag. Sie will ihm ein bild malen.

Lisa legt die farben und pinsel zurecht und füllt wasser in ein glas.

Ein pferd soll über den strand reiten.

Die reiterin ist ein mädchen mit langen, braunen haaren und sieht aus wie Lisa.

Ihr vater soll auch auf dem bild sein.

Lisa malt ihn in einem segelboot mit geblähtem segel.

Sie kann gut malen und hat freude daran. Das wird eine schöne überraschung.

▶ Kreise alle Nomen (Substantive) ein. Schreibe sie mit Artikel (Begleiter) auf.

Mara, Sofia und Enno machen einen ausflug in das schwimmbad mit einer langen rutsche.

Sie müssen in der hitze mit dem bus fahren.

Zum glück hat Mara eine trinkflasche dabei.

An der kasse ist eine lange schlange.

Bei dem wetter haben viele kinder die gleiche Idee.

Endlich können sie die karten kaufen.

Enno stürmt vorweg und sichert ihnen einen platz in der nähe des schwimmbeckens.

Sie toben, rutschen und schwimmen in dem kühlen wasser.

▶ Setze die passenden Artikel (Begleiter) ein.

| der | die | das | ein | eine |
|---|---|---|---|---|

Timo braucht neue Turnschuhe. ________ Verkäufer erklärt:

„________ Turnschuh kann viele verschiedene Aufgaben erfüllen.

________ Schuhe für die Halle haben ________ helle Sohle.

Soll es ________ Laufschuh sein? ________ rote Schuh ist besser zum Fußballspielen.“

________ blaue Schuh mit gelben Sohlen gefällt ihm.

________ Turnschuh ist ihm schon an seinem Freund Yussuf aufgefallen

und der ist ________ toller Sportler.

Der Verkäufer lobt: „________ ist eine gute Entscheidung.“

Er gibt Timo ________ Tüte mit den Schuhen.

▶ Setze die Nomen (Substantive) mit dem passenden Artikel (Begleiter) ein.

| | | | |
|---|---|---|---|
| Reiterhof | Klasse | Pferd | Sattel |
| Überraschung | Mädchen | Reitlehrer | Karotte |

Lisas Vater hat __________ ______________________________.

Er lädt __________ ______________________________ zu einer Reitstunde ein.

Jedes Kind darf __________ ______________________________ von der Weide führen.

__________ ______________________________ von Emmas Pferd ist aus Leder.

Dann gibt es __________ ______________________________ für Emma.

__________ ______________________________ darf als Erste auf dem Pferd sitzen.

Zum Glück hilft ihr __________ ______________________________ dabei.

Danach gibt jedes Kind seinem Pferd __________ ______________________________.

Die meisten Nomen (Substantive) können in der Einzahl oder in der Mehrzahl stehen:
der Fuß – die Füße, die Angst – die Ängste, das Tier – die Tiere

▶ Schreibe die passenden Artikel (Begleiter) auf. Bilde die Mehrzahl.

der Polizist – die Polizisten
_____ Schatz – _______________
_____ Pferd – _______________
_____ Fahrt – _______________
_____ Zwerg – _______________
_____ Tochter – _______________
_____ Text – _______________
_____ Hexe – _______________
_____ Idee – _______________

_____ Spaß – _______________
_____ Wand – _______________
_____ Zahl – _______________
_____ Vater – _______________
_____ Fuchs – _______________
_____ Wald – _______________
_____ Gruß – _______________
_____ Tag – _______________
_____ Bank – _______________

Einige Nomen (Substantive) gibt es nur in der Einzahl oder nur in der Mehrzahl:
der Regen, die Ferien

▶ Schreibe die Nomen (Substantive) mit dem passenden Artikel (Begleiter) auf.

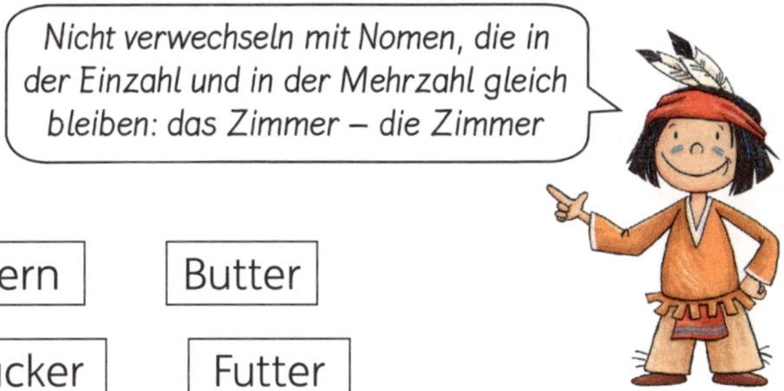


| | | | | | |
|---|---|---|---|---|---|
| Regen | Leute | Fleiß | Wetter | Eltern | Butter |
| Schnee | Mut | Gold | Schmutz | Zucker | Futter |
| Wasser | Glück | Beute | Dreck | Ferien | Laub |

Nomen in der Einzahl: ____________________

____________________

____________________

____________________

Nomen in der Mehrzahl: ____________________

Nomen (Substantive) können durch Pronomen (Fürwörter) ersetzt werden:
ich, du, er, sie, es, wir, ihr, sie.
**Karem** geht zum Sport. **Er** nimmt seine Sportsachen mit.

▶ Setze die passenden Pronomen (Fürwörter) ein.

Die Katze schleicht durch das Gras. ________ hat eine Maus entdeckt.

Die Maus schnuppert. ________ wittert den Käse.

Paul und ich sitzen in der Schule nebeneinander. ________ sind Freunde.

Timo und Ercan sind verabredet. ________ wollen ins Kino gehen.

Das Pferd bläht seine Nüstern auf. ________ wiehert.

Der Vogel plustert sein Gefieder auf. Nun fliegt ________ los.

Der Löwe liegt faul im Sand. ________ ist müde und gähnt.

Die Biene fliegt zu der Blüte. Dort sammelt ________ Nektar.

Der Hund läuft an der Leine. Sonst rennt ________ über die Straße.

☐ 10

Setze die passenden Pronomen (Fürwörter) ein.

Gleich kommt Oma. Wir haben ________ lange nicht gesehen.

Unser Vater hat gebacken. Das macht ________ nicht oft.

Der Kuchen ist abgekühlt. ________ kann jetzt aufgeschnitten werden.

Meine Schwester und ich haben den Tisch gedeckt. ________ freuen uns auf Oma.

Jetzt klingelt es. Das wird Oma sein. ________ ist ganz braun und strahlt.

Oma hat eine Reise gemacht. ________ hat fast zwei Wochen gedauert.

Oma hatte einen netten Reiseleiter. ________ wusste viel über die Türkei.

Das Hotel war am Meer und ________ hat ihr gut gefallen.

Oma zeigt uns Fotos, denn ________ hat alles fotografiert.

________ hat uns auch etwas mitgebracht.

________ sind begeistert von den coolen Ketten. ________ sind toll.

## Anokis Nachricht

Muna bekommt eine Nachricht von Anoki. Es geht um eine Schatzsuche.
Aber die Sätze sind durcheinandergeraten.

| | |
|---|---|
| 1 | Liebe Muna, |
| | ich lade dich für morgen Abend zu einer Schatzsuche ein. |
| | Zieh deine Mokassins an. |
| | Wir werden sie im Dunkeln brauchen. |
| | Wir nehmen Taschenlampen mit. |
| | Sie sorgen dafür, dass man uns nicht hört. |
| | Wir treffen uns an meinem Tipi. |
| | Es kann uns durch den Fluss tragen. |
| | Kannst du dein Pferd mitbringen? |
| | Bis morgen, dein Anoki |

▶ Muna hat schon angefangen, die Streifen zu ordnen.
Nummeriere und ergänze die fehlenden Sätze an der passenden Stelle.

Liebe Muna,

ich lade dich für morgen Abend zu einer Schatzsuche ein.

________________________________________

Kannst du dein Pferd mitbringen?

________________________________________

________________________________________

Wir werden sie im Dunkeln brauchen.

Zieh deine Mokassins an.

________________________________________

Bis morgen, dein Anoki

Verben können in verschiedenen Zeitformen stehen.
Die einfache Vergangenheit (Präteritum) sagt dir, dass etwas vor längerer Zeit passierte:
In den letzten Sommerferien **fuhr** ich in die Türkei.
Vor drei Jahren **bekam** ich einen Hund.

▶ Ergänze die Tabelle.
Markiere Wortstamm und Endungen in unterschiedlichen Farben.

| Grundform | Gegenwart (Präsens) | einfache Vergangenheit (Präteritum) |
|---|---|---|
| malen | ich male | ich malte |
| retten | ich | ich |
| glauben | ich | ich |
| spielen | ich | ich |
| bauen | ich | ich |

▶ Ergänze die Tabelle. Markiere Wortstamm und Endungen in unterschiedlichen Farben.

| Grundform | Gegenwart (Präsens) | einfache Vergangenheit (Präteritum) |
|---|---|---|
| fahren | ich fahre | ich fuhr |
| singen | ich | ich |
| laufen | ich | ich |
| springen | ich | ich |
| essen | ich | ich |
| gehen | ich | ich |
| geben | ich | ich |
| schwimmen | ich | ich |

Verben können in verschiedenen Zeitformen stehen.
Die zusammengesetzte Vergangenheit (Perfekt) verwendest du, wenn du erzählst, was geschehen ist.
Das kleine Kind **ist hingefallen.**
Sina **hat** ein Bild **gemalt.**



▶ Ergänze die Tabelle.
Markiere den Wortstamm.

| **Grundform** | **Gegenwart (Präsens)** | **zusammengesetzte Vergangenheit (Perfekt)** |
| --- | --- | --- |
| fühlen | ich fühle | ich habe gefühlt |
| pflücken | ich | ich |
| laufen | ich | ich |
| kaufen | ich | ich |
| erzählen | ich | ich |

▶ Ergänze die Tabelle. Markiere den Wortstamm.

| Grundform | Gegenwart (Präsens) | zusammengesetzte Vergangenheit (Perfekt) |
|---|---|---|
| springen | ich springe | ich bin gesprungen |
| stechen | ich | ich |
| singen | ich | ich |
| fliegen | ich | ich |
| lesen | ich | ich |
| kriechen | ich | ich |
| sprechen | ich | ich |
| schwimmen | ich | ich |

Verben erkennen

▶ Schreibe die Sätze in der einfachen Vergangenheit auf.

Die Klasse fährt in einen Klettergarten. Ruslan ist ein wenig ängstlich.
Jeder kann das für sich testen. Am Anfang sind alle noch sehr vorsichtig.
Nur Cara prahlt. Sie klettert die Kletterwand auch sehr schnell hoch.
Aber beim Abstieg braucht sie Hilfe.
Ruslan kommt die Wand gut hoch. Es macht Spaß.

Die Klasse fuhr

▶ Schreibe die Sätze in der zusammengesetzten Vergangenheit auf.

Peer besucht am Wochenende seinen Freund.
Sie spielen Fußball. Sie bauen eine Höhle.
Sie grillen am Abend und schlafen spät ein.
Am Morgen stehen sie früh auf. Sie spielen Leons neues Spiel.
Mittags essen sie Pizza und Pudding.

Peer hat

Adjektive beschreiben, wie etwas ist: Der Ball ist **rund.**
Sie können sich im Satz verändern: Wir spielen mit dem **runden** Ball.

▶ Kreise alle Adjektive (Wiewörter) ein.

Der kalte Saft erfrischt uns.

Die gelbe Rose gefällt mir.

Der neue Schüler ist aus Berlin.

Die böse Hexe wohnt in einem windschiefen Haus.

Die goldene Kugel ist in den tiefen Brunnen gefallen.

Das wilde Pferd galoppiert über den nassen Sand.

Der spitze Turm überragt die alte Stadt.

Wir wandern am Ufer des kleinen Flusses entlang.

Ercans ältere Schwester war für einen kurzen Urlaub in der Türkei.

*Prüfe, ob das Wort zwischen Artikel (Begleiter) und Nomen (Substantiv) passt. Dann ist es ein Adjektiv: die **gelbe** Banane.*

▶ Setze die Adjektive passend ein.

kühl | schwer | heiß | laut | kalt | scharf | lecker

spannend | schön | warm | gefährlich | lustig | treu

Fatma holt sich eine ________________ Jacke.

Heute weht ein ________________ Wind.

Lukas liest ein ________________ Abenteuerbuch.

Timo stellt seinen ________________ Rucksack ab.

Der ________________ Hund begrüßt Timo mit ________________ Gebell.

Die Mädchen verbringen auf dem Reiterhof eine ________________ Zeit.

Maja hat im Kino einen ________________ Film gesehen.

Jetzt hat sie Hunger auf eine ________________ Pizza.

Heute ist ein ________________ Sommertag. Emre springt ins ________________ Wasser.

Haie haben ________________ Zähne und sind ________________ Raubtiere.

Adjektive kannst du steigern:
Paul läuft **schnell.** Lisa läuft **schneller.** Indra läuft **am schnellsten.**



▶ Ergänze die Tabelle.

| **Grundstufe** | **Höherstufe** | **Höchststufe** |
|---|---|---|
| laut | | |
| | lieber | |
| leicht | | |
| | | am langsamsten |
| schwierig | | |
| gefährlich | | |
| | schwächer | |

▶ Ergänze die Tabelle.

| Grundstufe | Höherstufe | Höchststufe |
| --- | --- | --- |
| | größer | |
| hoch | | |
| nah | | |
| bequem | | |
| | länger | |
| kurz | | |
| | | am härtesten |
| | klüger | |
| kalt | | |
| | | am besten |

Mit Adjektiven kannst du vergleichen:
Timo ist **so groß wie** Mesut. Anna ist **größer als** Lisa.

Mit Adjektiven vergleichen

▶ Ergänze die Sätze.

| | | |
|---|---|---|
| rot | Die Blume ist so rot wie _______________ | eine Tomate. |
| groß | Eine Amsel ist _______________ | eine Ameise. |
| hoch | Das Haus ist _______________ | der Baum. |
| stark | Sturm ist _______________ | Wind. |
| klein | Zwerge sind _______________ | Riesen. |
| schnell | Kemal ist _______________ | der Blitz. |
| kalt | Eis ist _______________ | Schokolade. |
| scharf | Senf ist _______________ | Ketchup. |

▶ Bilde Sätze.

| klein – Maus – Fliege | hübsch – Fee – Gespenst |
| laut – Donner – Geflüster | groß – Dinosaurier – Haus |
| gelb – Zitrone – Sonne | leicht – Feder – Stein |

## Indianer-Olympiade

Anoki und seine Freunde veranstalten eine Indianer-Olympiade.
Zuerst müssen sie um die Wette laufen.
Muna startet am schnellsten, aber dann holt Anoki auf und lässt alle hinter sich.
Nun sollen sie einen Baum hochklettern.
Elan ist geschickt und ist als Erster oben.
Freihändig auf einem gespannten Seil zu balancieren macht Spaß.
Das ist Munas Stärke und es sieht toll aus.
Wer kann eine Feder möglichst lange in die Luft blasen?
Anoki holt tief Luft. Seine Feder steigt am höchsten,
aber Elan kann die Feder am längsten in der Luft halten.
Beim Tomahawkwerfen liegt Paco vorn.
Ikos Pfeil trifft beim Bogenschießen genau in die Mitte.
Beim Weitsprung landet Muna am Ende der Sandgrube.
Das schafft sonst keiner.

▶ Was ist richtig? Kreuze an.
Die Buchstaben der richtigen Antworten ergeben ein Lösungswort.

| | | richtig | falsch |
|---|---|---|---|
| Muna hat den besten Start. | S | ☐ | ☐ |
| Elan läuft am schnellsten. | T | ☐ | ☐ |
| Elan klettert am geschicktesten. | P | ☐ | ☐ |
| Anoki balanciert sehr elegant. | E | ☐ | ☐ |
| Munas Feder steigt am höchsten. | N | ☐ | ☐ |
| Elans Feder hält sich am längsten in der Luft. | O | ☐ | ☐ |
| Paco kann das Tomahawk am weitesten werfen. | R | ☐ | ☐ |
| Ikos Pfeil fliegt am Ziel vorbei. | A | ☐ | ☐ |
| Muna springt am weitesten. | T | ☐ | ☐ |

Lösung: ____ ____ ____ ____ ____

Nomen (Substantive) kannst du aus verschiedenen Wortarten zusammensetzen.
der Verkehr + das Schild – das Verkehrsschild, rennen + der Fahrer – der Rennfahrer,
braun + der Bär – der Braunbär

▶ Bilde zusammengesetzte Nomen (Substantive).

schlafen + das Zimmer – __________

die Zeitung + der Bericht – __________

alt + die Stadt – __________

schneiden + der Zahn – __________

der Mittag + die Pause – __________

hoch + das Haus – __________

▶ Aus welchen Wörtern sind diese Nomen (Substantive) zusammengesetzt?
Schreibe die Wörter auf und gib die Wortarten an: Nomen (N), Adjektiv (A), Verb (V).

der Sonnenschein – die Sonne (N), der Schein (N)

die Laufbahn –

die Trinkflasche –

der Blauwal –

der Liebesbrief –

das Esszimmer –

der Gehweg –

der Museumsdirektor –

Mit den Nachsilben -ung, -heit, -keit und -nis kannst du Nomen (Substantive) bilden:
heizen – die Heizung, gemein – die Gemeinheit,
ewig – die Ewigkeit, ärgern – das Ärgernis

▶ Bilde Nomen (Substantive). Markiere die Nachsilbe.

| | | | |
|---|---|---|---|
| freundlich | die Freundlichkeit | faul | |
| geheim | | sauber | |
| werben | | erlauben | |
| zeichnen | | frech | |
| krank | | traurig | |
| hindern | | warnen | |

▶ Setze passende Nomen (Substantive) ein.

Der Trainer erwartet von den Sportlern Pünktlichkeit (pünktlich).

Die Klasse probt für die ______________________ (aufführen).

An Halloween haben alle eine gruslige ______________________ (verkleiden).

Jan errechnet das richtige ______________________ (ergeben).

Karla plant für ihre Oma eine ______________________ (überraschen).

Das Pferd springt über das ______________________ (hindern).

Die Kinder erzählen die ______________________ (wahr)

Der Arzt achtet auf die ______________________ (gesund) seiner Patienten.

Mit Vorsilben kannst du die Bedeutung von Verben verändern:
schreiben – abschreiben, umschreiben, vorschreiben, ...

▶ Bilde Verben und markiere die Vorsilbe.

| | | |
|---|---|---|
| an- | nehmen | annehmen, übernehmen |
| weg- | laufen | |
| ab- | fließen | |
| um- | schauen | |
| zer- | legen | |
| ver- | rechnen | |
| vor- | lenken | |
| über- | lassen | |
| auf- | fangen | |

▶ Setze Verben mit passenden Vorsilben ein.

| | |
|---|---|
| nehmen | Oskar soll für den Nachbarn ein Paket annehmen. |
| | Seine Tante will drei Kilo ______________________ . |
| stellen | An der Kasse müssen wir uns ______________________ . |
| | Sonia will das Fahrrad in der Garage ______________________ . |
| räumen | Juri soll sein Zimmer ______________________ . |
| | Oma will die Spülmaschine ______________________ . |
| schreiben | Paula will ihre Geschichte ______________________ . |
| | Silas soll Lara den Weg zum Bahnhof ______________________ . |

Mit den Nachsilben -ig und -lich kannst du Adjektive bilden:
das Gift – giftig, die Angst – ängstlich

▶ Bilde Adjektive und markiere die Nachsilbe.

der Schreck ______

der Bruder ______

der Mut ______

die Gefahr ______

der Punkt ______

die Wolke ______

das Herz ______

das Fest ______

die Trauer ______

die Geduld ______

▶ Setze passende Adjektive ein.

Der Ritter bekommt einen fürchterlichen Schreck. | Furcht

Er steht direkt vor einem ______ Drachen. | Riese

An ______ Tagen sind wir auf dem Sportplatz. | Sonne

Nach dem Sport essen sie ______ Obst. | Saft

Im Wald sieht Paul ______ Pilze. | Gift

Hinter dem Baum entdeckt er einen ______ Igel. | Stachel

Timo lacht über den ______ Film. | Witz

Am besten findet er ______ Ritter. | Angst

▶ Aus welchen Wörtern sind diese Wörter zusammengesetzt?
Schreibe die Wörter auf und gib die Wortarten an: Nomen (N), Adjektiv (A), Verb (V).

haushoch – das Haus (N), hoch (A)

rosarot –

pfeilschnell –

die Turnhalle –

himmelblau –

das Warmwasser –

der Lernerfolg –

mausgrau –

Zusammengesetzte Wörter schreiben

▶ Ergänze das passende Wort.

*Mit den Vorsilben Un- und un- kannst du das Gegenteil ausdrücken.*

| | | | |
|---|---|---|---|
| genau | ungenau | die Geduld | die |
| gerecht | | das Kraut | |
| genießbar | | der Sinn | |
| verständlich | | das Recht | |
| bekannt | | das Glück | |
| ordentlich | | das Behagen | |
| giftig | | der Frieden | |

Wörter einer Wortfamilie haben den gleichen Wortstamm.
Mitglieder einer Wortfamilie werden ähnlich geschrieben: **sing**en – **Säng**er – Ge**sang**

▶ Ordne die Wörter nach Wortfamilien. Markiere den Wortstamm.
Ergänze weitere Wörter.

| | | | | | |
|---|---|---|---|---|---|
| Sänger | Getränk | singen | Zaubertrank | Fraßspur | fressen |
| betrunken | Fressnapf | gefräßig | Gesang | gesungen | trinken |

**fress** ______________________________

______________________________

**sing** ______________________________

______________________________

**trink** ______________________________

______________________________

▶ Ordne die Wörter nach Wortfamilien. Markiere den Wortstamm.
Ergänze weiter Wörter.

| | | | | | |
|---|---|---|---|---|---|
| Ausfahrt | sehen | Geruch | geschnitten | Fahrrad | Sicht |
| schneiden | Fuhre | riechen | Schneidbrett | Hellseher | gerochen |
| Riecher | sah | Fähre | abschneiden | | |

**schneid** ______________________________

______________________________

**riech** ______________________________

______________________________

**seh** ______________________________

______________________________

**fahr** ______________________________

______________________________

▶ Ergänze die Tabelle. Markiere den Wortstamm in allen Wortarten.

| Wortstamm | Nomen | Verb | Adjektiv |
| --- | --- | --- | --- |
| rein | | | reinlich |
| trag | die Träger | | |
| schad | | schaden | |
| richt | | | richtig |
| schlaf | der Schlafsack | | |
| druck | | | druckfrisch |
| fahr | die Fahrbahn | | |
| wohn | | wohnen | |
| grund | | | gründlich |

Wortfamilien erkennen

▶ Ergänze die Tabelle. Markiere den Wortstamm in allen Wortarten.

| Wortstamm | Nomen | Verb | Adjektiv |
|---|---|---|---|
| schuld | | beschuldigen | |
| kalt | | | bitterkalt |
| würz | das Gewürz | | |
| traum | | | verträumt |
| klein | | | klitzeklein |
| eis | | eislaufen | |
| laut | | | lautlos |
| zahl | | bezahlen | |
| blau | der Blauwal | | |

## Rätsel für Verdecker

▶ Schreibe die Wörter mit den passenden Vorsilben auf.

Morgen fällt der Überricht ______________________ aus.

Deshalb unternachten ______________________ Muna und Anoki draußen.

Als Anoki die Lampe eingemacht ______________________ hat, können sie erkennen,

wie die Sterne am Himmel zugehen ______________________.

Dann verdecken ______________________ sie eine Sternschnuppe und wünschen

sich etwas.

Die Wünsche dürfen nicht gezählt ______________________ werden.

Denn dann würde der Wunsch nicht in Befüllung

______________________ gehen.

Muna wüsste zu gerne, was Anoki sich

entwünscht ______________________ hat.

Sie fragt versichtig ______________________,

ob er ihr einen Tipp geben könnte.

Aber Anoki hat seinen Wunsch schon wieder

gegessen ______________________.

Erst spät in der Nacht sind Muna und Anoki

ausgeschlafen ______________________.

Es gibt unterschiedliche Satzarten.
Nach dem **Aussagesatz** steht ein Punkt: Der Ball ist rund.
Nach dem **Fragesatz** steht ein **Fragezeichen**: Wie heißt du?
Nach dem **Ausrufesatz** steht ein **Ausrufezeichen**: Glück gehabt!

▶ Setze die fehlenden Satzzeichen ein.

*Sprich die Sätze unterschiedlich. Wie klingen sie richtig?*

Tor__ Oh, hat das Spiel schon angefangen__

Wie hoch ist das Sprungbrett__ Iiih, es spritzt__

Kommst du mit__ Okay, dann gehen wir los__

Cool__ Hast du das T-Shirt neu gekauft__

Puh, so eine Hitze__ Wollen wir etwas trinken__ Es ist wirklich heiß__

Guten Appetit__ Schmeckt es dir__ Es schmeckt sehr gut__

▶ Setze die fehlenden Satzzeichen ein.

Endlich Ferien__ Wir fahren nach Italien__ Habt ihr schon die Koffer gepackt__

Welchen Film gibt es__ Wir gehen ins Kino__ Super, der Film ist toll__

Wart ihr schon im Zoo__ Riesig, diese Elefanten__ Sie kommen aus Indien__

Wie ist das Wasser__ Ich bleibe lieber draußen__ Du Feigling__

Ballspielen verboten__ Wo können wir denn spielen__ Wir gehen zum Sportplatz__

Wie tief kannst du tauchen__ Ich brauche meine Schwimmbrille__ Super__

Juhu, es schneit__ Es schneit__ Ja, es schneit__

Toll__ Vielen Dank für das Geschenk__ Gefällt es dir__

Das **Subjekt** (Satzgegenstand) ist ein Satzglied. Du bestimmst es mit der Frage:
**Wer oder was tut etwas?**
Das Subjekt ist oft ein Nomen (Substantiv) oder Pronomen (Fürwort).
Das Buch ist spannend. – Was ist spannend? Das Buch ist spannend.

▶ Frage nach dem Subjekt (Satzgegenstand) und unterstreiche es.

Lisa und Paul gehen zum Chor. Wer geht zum Chor?

Heute kocht mein Vater.

Die Badehose ist zu klein.

Elefanten und Giraffen leben in Afrika.

Die Trommeln waren mir zu laut.

Am besten gefallen mir im Zoo die Löwen.

Morgen komme ich zu dir.

Das Konzert war sehr schön und auch lustig.

Subjekte erkennen

▶ Unterstreiche das Subjekt (Satzgegenstand).

Markus und Marie sind Zwillinge. Sie haben heute Geburtstag.

Jeder durfte vier Freunde einladen.

Die ersten Gäste sind schon da.

Auf dem Tisch steht der Geburtstagskuchen.

Oma kümmert sich um das Essen.

Die Eltern haben sich heute frei genommen.

Die letzten Gäste kommen.

Alle Kinder haben Geschenke für die Zwillinge mitgebracht.

Nun kann die Feier losgehen.

Der Vater hat sich ein Quiz ausgedacht.

Besonders viel Spaß macht das Sackhüpfen.

Das **Prädikat** (Satzaussage) ist ein Satzglied. Du bestimmst es mit der Frage:
**Was tut jemand?** oder **Was geschieht?**
Das Prädikat ist immer ein Verb.
Mira liest ein Buch. – Was tut Mira? Mira liest ein Buch.

▶ Frage nach dem Prädikat (Satzaussage) und unterstreiche es.

Dana joggt durch den Park. Was tut Dana?

Es donnert und blitzt.

Die Butter schmilzt in der Sonne.

Der Ball springt auf die Straße.

Im Sommer gehen wir ins Schwimmbad.

Der Wal taucht durch die Wellen.

Das Schlossgespenst rasselt mit den Ketten.

▶ Unterstreiche das Prädikat (Satzaussage).

Jonas packt seine Sportsachen ein. Er zieht seine Jacke an.

Dann rennt er zur Bushaltestelle. Der Bus fährt in wenigen Minuten ab.

Im letzten Moment erreicht Jonas den Bus.

Lia kennt ein neues Lied. Sie singt es ihrem Opa vor.

Dann kaufen sie zusammen ein.

Gemeinsam bereiten sie das Essen vor.

Opa kocht Suppe. Lia rührt die Suppe um.

Jetzt kommt Lias Bruder Hannes hinein. Er ist hungrig.

Hannes deckt schnell den Tisch.

Er freut sich auf die Suppe.

▶ Unterstreiche Subjekt (Satzgegenstand) und Prädikat (Satzaussage) in unterschiedlichen Farben.

Heute formen wir Hasen aus Ton.

Wir teilen den Ton in zwei ungleiche Stücke.

Dann rollen wir die Stücke zu zwei Kugeln.

Die kleinere Kugel formen wir zu einem Tropfen.

Für die Ohren schneiden wir das schmale Ende ein.

Dann biegen wir es auseinander.

Jetzt verbinden wir beide Kugeln.

Dafür ritzen wir beide Teile ein und befeuchten sie mit Wasser.

Beim Ansetzen verschmieren wir den Ton sorgfältig.

Wir ritzen noch Augen, Maul und Nase mit den Tasthaaren ein.

Nach dem Trocknen brennt die Lehrerin die Hasen in einem Brennofen.

▶ Unterstreiche Subjekt (Satzgegenstand) und Prädikat (Satzaussage) in unterschiedlichen Farben.

Rumpelstilzchen tanzte um das Feuer.

Die Hexe ritt auf ihrem Besen zum Tanz auf den Blocksberg.

Der Frosch sprang in den Brunnen. Er tauchte nach der goldenen Kugel.

Der Königssohn fand Dornröschen in tiefem Schlaf. Er weckte sie mit einem Kuss.

Rotkäppchen besuchte seine Großmutter. Auf dem Weg begegnete es dem bösen Wolf.

Hänsel und Gretel sahen ein Haus aus Brot und Kuchen.

Schneeweißchen und Rosenrot fürchteten sich vor dem Bären.

Die fleißige Tochter schüttelte Frau Holles Betten auf.

Schneewittchen biss in den vergifteten Apfel. Die böse Stiefmutter

befragte ihren Spiegel nach der Schönsten im Land.

Däumelinchen war so groß wie ein Daumen.

Die **Ortsangabe** ist ein Satzglied. Du bestimmst sie mit den Fragen:
**Wo?, Woher?** oder **Wohin?**
Wir baden im See. – Wo baden wir? Wir baden im See.



▶ Ergänze die passenden Ortsangaben.

in der Hecke | aus der Schule | auf dem Kopf | am Fuß | nach Italien | im Schwimmbad | ins Kino

Im Urlaub fahren wir ______________________________.

Die Mütze sitzt schief ______________________________.

Fatma hat einen Mückenstich ______________________________.

Nina kommt heute früher ______________________________.

______________________________ versteckt sich ein Igel.

Emre geht mit seinem Bruder ______________________________.

Heute trainiert Mesut ______________________________.

▶ Unterstreiche die Ortsangaben.

Die Mannschaft trifft sich vor dem Fußballstadion.

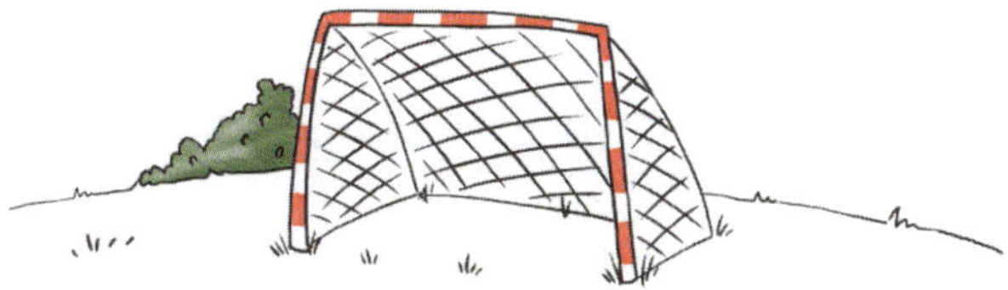

In der Kabine ziehen sie die Trikots an.

Otto hat einen Fleck auf seinem Hemd.

Der Kapitän läuft als Erster ins Stadion ein.

Leon ist der Torwart und läuft hinter dem Kapitän ein.

Sie spielen heute auswärts.

Ihre Fans aus Minden begrüßen sie schon mit lautem Gejohle.

Beide Mannschaften stellen sich an der Mittellinie auf.

Der Schiedsrichter steht mit dem Ball in der Mitte und pfeift das Spiel an.

Die Spieler verteilen sich auf dem Spielfeld.

Leon stellt sich in sein Tor.

Die **Zeitangabe** ist ein Satzglied. Du bestimmst sie mit den Fragen:
**Wann?, Wie lange?** oder **Seit wann?**
Im Sommer gehen wir baden. – Wann gehen wir baden? <u>Im Sommer</u> gehen wir baden.

Zeitangaben erkennen

▶ Ergänze die passenden Zeitangaben.

| später | nächstes Wochenende | gestern | eine ganze Weile |
| im Sommerurlaub | seit einer halben Stunde | morgens | |

_______________ war ich beim Sport

Ich komme _______________ zu dir.

_______________ besucht uns Oma.

Wir wollen _______________ ans Meer fahren.

_______________ esse ich Cornflakes.

Ich warte schon _______________ auf dich.

▶ Unterstreiche die Zeitangaben.

Unsere Klasse möchte vor den Sommerferien ein Theaterstück aufführen.

In dem Stück kommt ein Junge im zweiten Schuljahr neu in die Klasse.

Er ist vor ein paar Monaten aus Syrien nach Deutschland gekommen.

Wir haben das Theaterstück jeden Montag geprobt.

Es dauert zwanzig Minuten.

Vor der Premiere spielen wir täglich.

Zur Generalprobe laden wir die anderen dritten Klassen ein.

Am Freitag führen wir das Stück zum ersten Mal für die Eltern auf.

In der nächsten Woche gibt es noch drei Vorstellungen.

Seit heute habe ich ein bisschen Lampenfieber.

Leider ist in der übernächsten Woche schon alles vorbei.

**Sätze bestehen aus Satzgliedern. Ein Satzglied kann aus einem Wort oder aus mehreren Wörtern bestehen. Satzglieder bleiben auch beim Umstellen immer zusammen.**

▶ Bilde mit den Satzgliedern unterschiedliche Sätze.

| im Sommer | viele Schiffe | schaukeln | auf dem See |
|---|---|---|---|

| im Bus | heute | reden | vom Sturm | alle |
|---|---|---|---|---|

▶ Schreibe kürzere Sätze. Welche Satzglieder kannst du weglassen?

Sara trug sechs Wochen einen Gipsverband am Arm.

Sara trug einen Gipsverband.

Viele Vögel fliegen im Winter in den Süden.

Der Eiswagen kommt freitags an die Straßenecke bei unserer Schule.

Die Drachen schweben im Herbst über dem Feld.

Die Klasse fährt am Wandertag ins Bergbaumuseum.

Was jemand sagt, heißt wörtliche Rede. Die wörtliche Rede wird in Redezeichen gesetzt. Der Begleitsatz sagt, wer und wie jemand spricht. Am Ende des Begleitsatzes steht ein Doppelpunkt.
Das Mädchen flüstert: „Ich verrate dir ein Geheimnis."

▶ Unterstreiche Begleitsatz und wörtliche Rede in unterschiedlichen Farben.

Oskar fragt: „Wann sind wir da?"

Lasse schreit: „Lasst mich in Ruhe!"

Lisas Mutter sagt: „Morgen muss ich länger arbeiten."

Fatma flüstert: „Wann ist endlich Pause?"

Jule beschwert sich: „Ihr habt nie Zeit für mich."

Opa vermutet: „Wir werden bestimmt zu spät kommen."

Der Bankräuber ruft: „Hände hoch! Das ist ein Überfall!"

▶ Setze die passenden Begleitsätze und die fehlenden Zeichen ein.

| Mama flüstert | Der Lehrer ruft | Oma vermutet | Anna fragt |
| --- | --- | --- | --- |
| Tante Grete meint | Cem antwortet | Der Hausmeister schimpft | Antonio schreit |

Anna fragt: „Wo gehen wir hin?"

Das soll eine Überraschung sein.

Alle herkommen. Es geht los!

Es wird bald regnen.

Das Baby ist gerade eingeschlafen.

Das Papier liegt neben dem Container!

Jans Stirn ist ganz heiß. Er hat bestimmt Fieber.

Lasst mich in Ruhe!

Wörtliche Rede erkennen

▶ Schreibe zu jedem Begleitsatz die passende wörtliche Rede. Denke an die Redezeichen.

Tor!

Heute war es toll in der Schule!

Darf ich mitspielen?

Ich verkleide mich als Clown.

Mein Fuß tut so weh.

Opa ist eingeschlafen.

Jonas jammert: ______

Lena fragt: ______

Tom verkündet: ______

Fatma sprudelt heraus: ______

Alle jubeln: ______

Jana flüstert: ______

▶ Schreibe passende Verben in die Begleitsätze.

| | | | |
|---|---|---|---|
| jubeln | gratuliert | stöhnen | dankt |
| bitten | fragen | berichtet | tröstet |

Ercan ______________________: „Ich gehe dienstags immer zum Schwimmtraining."

Paul ______________________: „Nimmst du mich mal mit? Ich würde gerne mitmachen."

Jan ______________________: „Wie ist das Spiel denn ausgegangen?"

Carla ______________________: „Wir haben gewonnen!"

Ben ______________________: „Herzlichen Glückwunsch zum Geburtstag!"

Oma ______________________: „Danke, dass du angerufen hast."

Marvin ______________________: „Ich verstehe die Aufgabe nicht."

Emma ______________________: „Das ging mir zuerst auch so. Pass auf, ich helfe dir."

## Die Botschaft von Geierkralle

Anoki findet eine Botschaft von Geierkralle an Gold-Ede.
Bestimmt planen die beiden Gauner wieder einen Pferdediebstahl.
Leider ist der Brief nass geworden und Anoki kann nicht mehr alles lesen.
Anoki versucht, den Brief zu entschlüsseln, damit er die anderen Indianer warnen kann.
Dann können sie versuchen, die Gauner zu fangen.

Hallo Ede,

ich habe einen tollen Tipp bekommen.

Wir können uns vier prächtige Pferde schnappen.

Sie stehen vor dem Wasserfall.

Wir treffen uns .

Sei pünktlich da.

Diamanten-Joe erwartet uns .

Dein Kumpel Geierkralle

▶ Ergänze die Botschaft.

um Mitternacht | an der Brücke | zum Sonnenuntergang | auf der Wiese | am schiefen Baum

Hallo Ede,

ich habe einen tollen Tipp bekommen.

Wir können uns vier prächtige Pferde schnappen.

Sie stehen ________________ vor dem Wasserfall.

Wir treffen uns ________________.

Sei pünktlich ____________________ da.

Diamanten-Joe erwartet uns ________________ ________________.

Dein Kumpel Geierkralle

**1. Auflage** 1 5 4 3 2 1 | 20 19 18 17 16

Alle Drucke dieser Auflage sind unverändert und können im Unterricht nebeneinander verwendet werden.
Die letzte Zahl bezeichnet das Jahr des Druckes.


**Autorin**: Cornelia Donth-Schäffer

**Redaktion**: Salomé Dick, Berlin
**Herstellung**: Claudia Rosch

**Layoutkonzeption**: know idea gmbh, Freiburg
**Illustrationen**: Anke Fröhlich, Leipzig; Bettina Reich, Zwenkau; Friederike Schumann, Berlin
**Umschlagillustration**: Anke Fröhlich, Leipzig
**Satz**: Anja Fengler, Potsdam
**Druck**: Medienhaus Plump GmbH, Rheinbreitbach

Printed in Germany
ISBN 978-3-12-161027-3

9 783121 610273